Canada géographie en images

Per-Henrik Gürth

Texte français d'Alexandra Martin-Roche

Éditions SCHOLASTIC

Bonjour! Hello!

Nous vivons au Canada.

Le nom de notre pays vient du mot « kanata » qui signifie « village » dans la langue des Wendats et des Iroquois.

L'anniversaire du Canada est le 1er juillet 1867.

Savais-tu que le Canada a deux langues officielles? Oui! Yes!

Le français et l'anglais.

Le rouge et le blanc sont les deux couleurs officielles du Canada.

Ce drapeau est celui du Canada. Vois-tu? Il est rouge et blanc.

As-tu remarqué la feuille d'érable sur le drapeau?
L'érable et la feuille d'érable sont deux
symboles du Canada.

Les provinces et les territoires ont
chacun leur drapeau et leurs symboles.

Le Canada comprend 10 provinces
et 3 territoires.

Tu voudrais en savoir plus?

Eh bien, en route pour une exploration
d'un bout à l'autre du Canada!

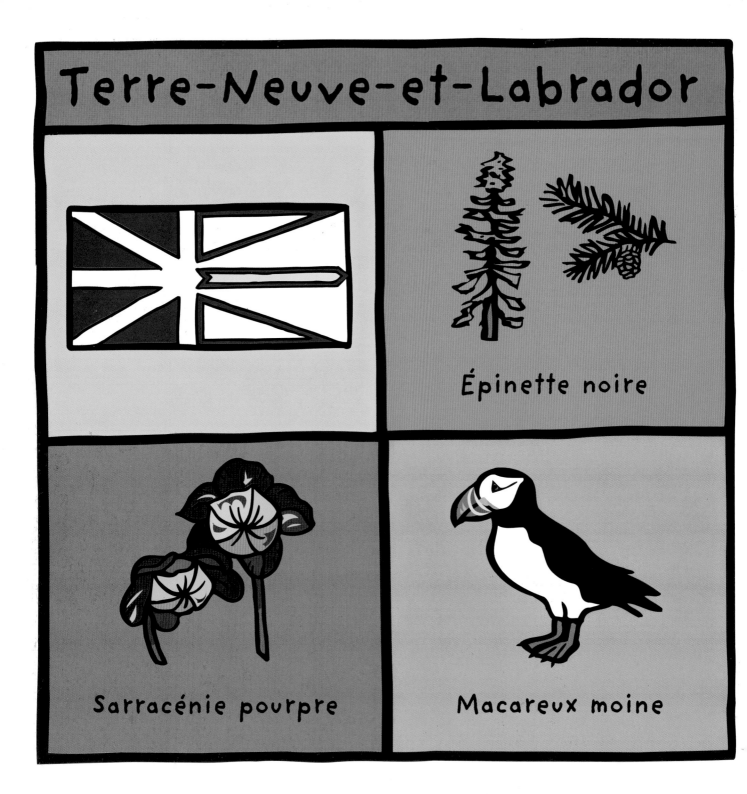

Terre-Neuve-et-Labrador

Épinette noire

Sarracénie pourpre

Macareux moine

Salue les baleines qui jouent dans la baie de la Trinité.

Nouvelle-Écosse

Épinette rouge

Épigée rampante

Balbuzard pêcheur

Arrête-toi à Peggy's Cove pour pique-niquer au bord de l'océan.

Île-du-Prince-Édouard

Chêne rouge

Cypridide

Geai bleu

Promène-toi en vélo sur les sentiers de terre rouge le long de la côte sud.

Nouveau-Brunswick

Sapin baumier

Violette cucullée

Mésange à tête noire

Explore le fond marin aux Rochers de Hopewell, c'est super!

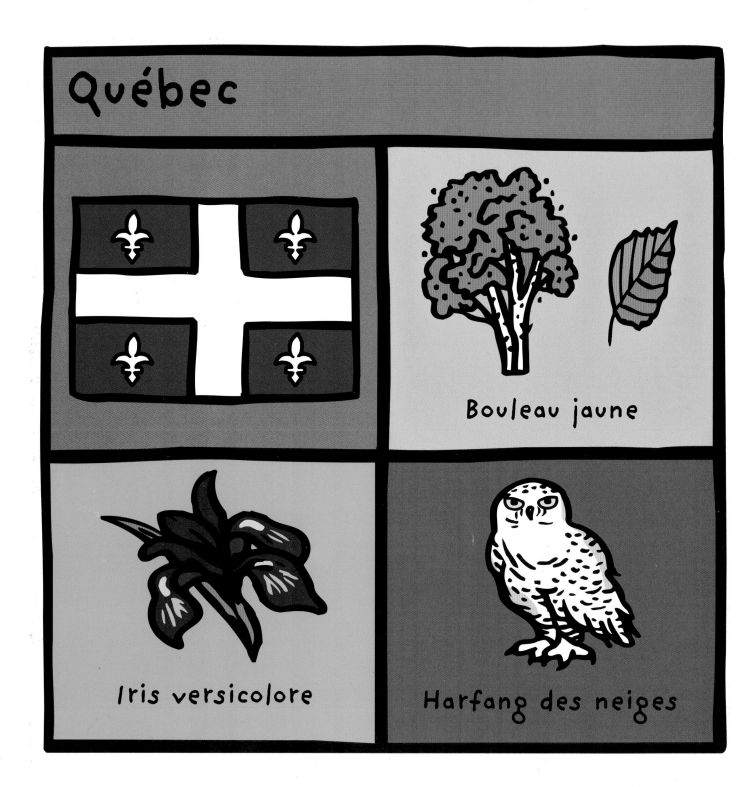

Québec

Bouleau jaune

Iris versicolore

Harfang des neiges

Fais un tour
en voilier sur
le Saint-Laurent,
à Québec.

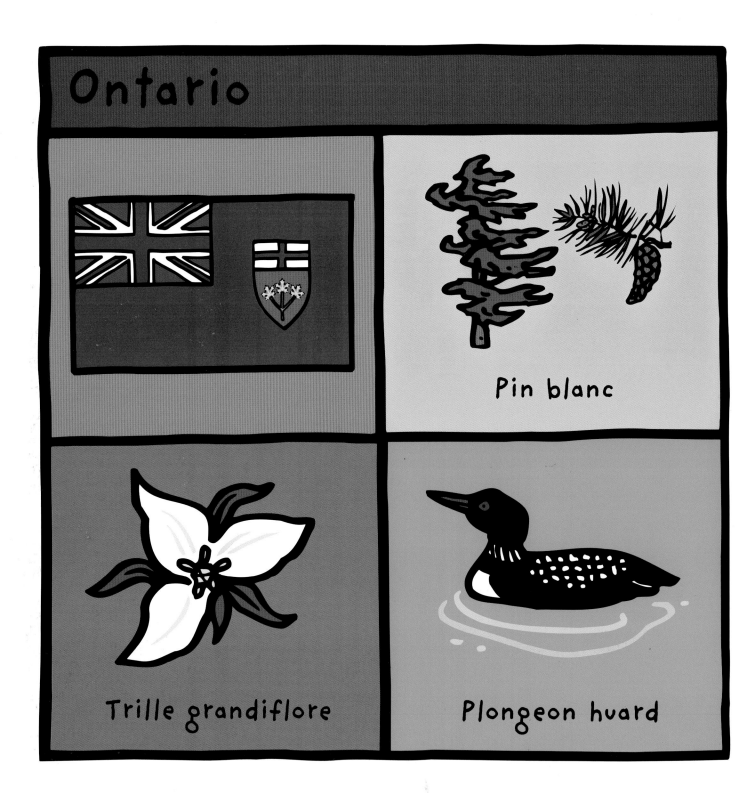

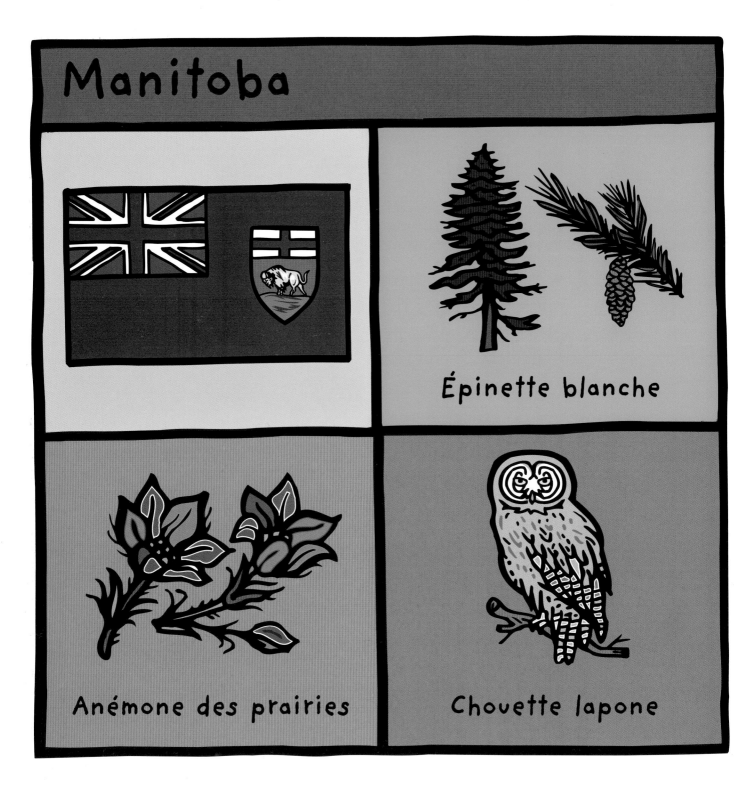

Manitoba

Épinette blanche

Anémone des prairies

Chouette lapone

Saskatchewan

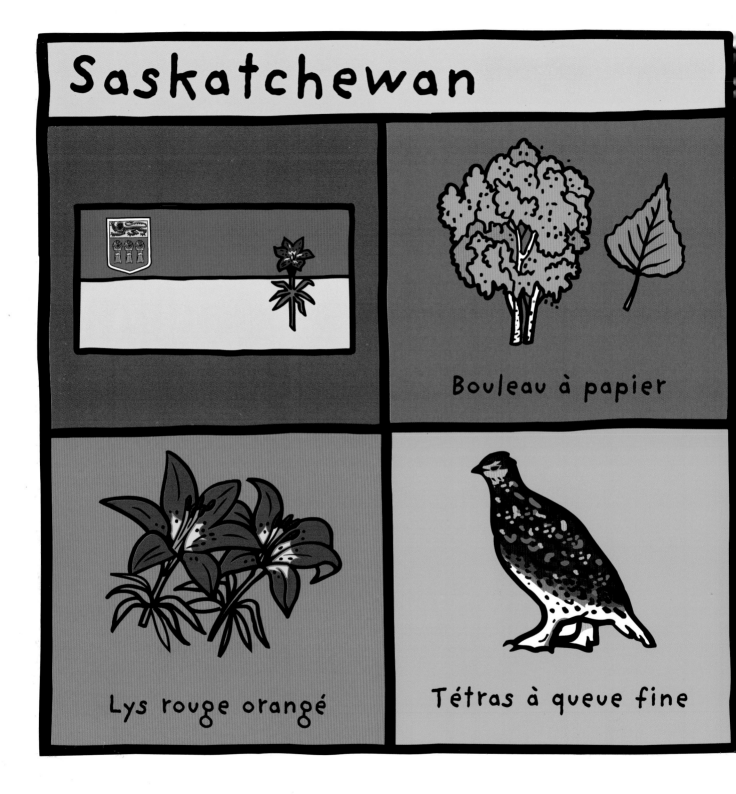

Bouleau à papier

Lys rouge orangé

Tétras à queue fine

Donne un coup de main pendant la moisson près de Saskatoon.

Alberta

Pin tordu

Rosier sauvage

Grand-duc d'Amérique

Pars à la chasse aux fossiles
dans le parc provincial Dinosaur.

Colombie-Britannique

Cèdre rouge de l'Ouest

Cornouiller de Nuttall

Geai de Steller

Dévale les pentes enneigées à Whistler. Oh là là!

Yukon

Sapin subalpin

Épilobe à feuilles étroites

Grand corbeau

Fais une randonnée sur un glacier
au parc national Kluane.

Territoires du Nord-Ouest

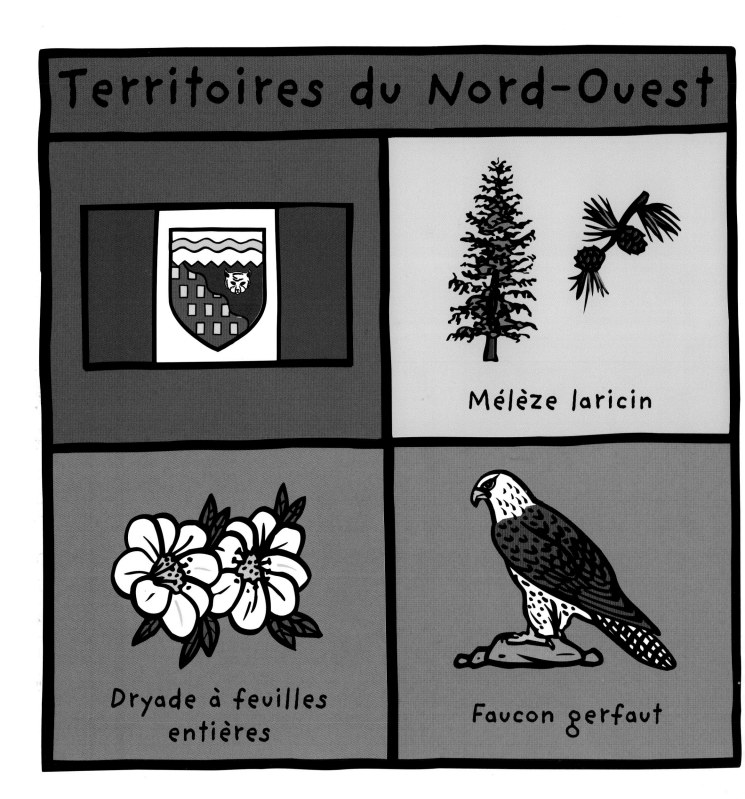

Mélèze laricin

Dryade à feuilles entières

Faucon gerfaut

Survole la taïga qui entoure
le Grand lac des Esclaves.

Nunavut

Saxifrage à feuilles opposées

Lagopède alpin

Canada

YUKON

TERRITOIRES DU
NORD-OUEST

NUNAVUT

COLOMBIE-
BRITANNIQUE

ALBERTA

MANITOBA

SASKATCHEWAN

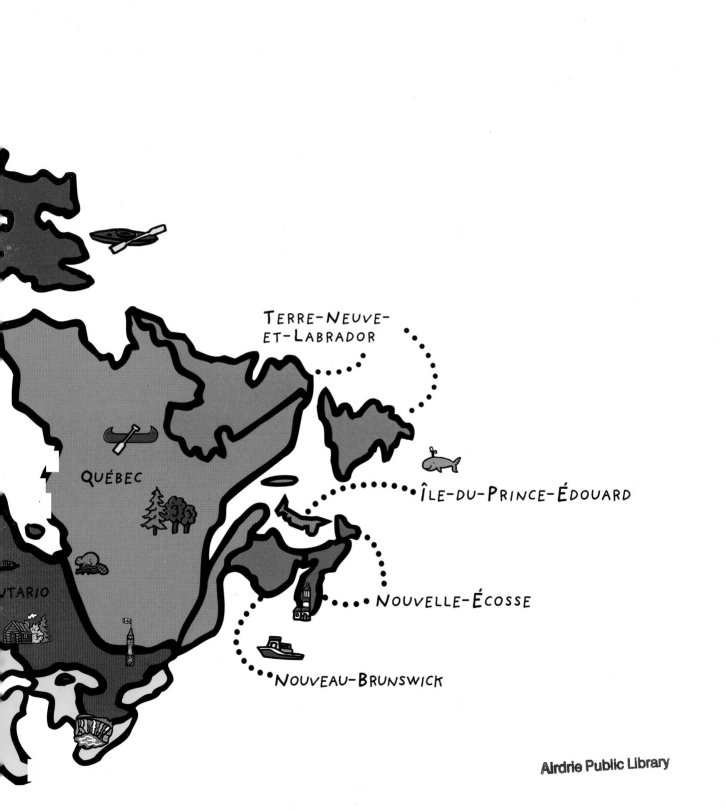

TERRE-NEUVE-
ET-LABRADOR

QUÉBEC

ONTARIO

ÎLE-DU-PRINCE-ÉDOUARD

NOUVELLE-ÉCOSSE

NOUVEAU-BRUNSWICK

Catalogage avant publication de Bibliothèque et Archives Canada

Ghione, Yvette
Canada : géographie en images / Yvette Ghione ;
illustrations de Per-Henrik Gürth ;
texte français d'Alexandra Martin-Roche.

Traduction de: Oh, Canada!.
Niveau d'intérêt selon l'âge: Pour enfants de 3 à 6 ans.
ISBN 978-0-545-98736-3

1. Canada--Ouvrages pour la jeunesse.
I. Gürth, Per-Henrik II. Titre.

FC58.G4414 2009   j971   C2008-904794-X

Texte d'Yvette Ghione (version anglaise)
Conception de Julia Naimska

Édition publiée par les Éditions Scholastic, 604, rue King Ouest, Toronto (Ontario) M5V 1E1,
avec la permission de Kids Can Press Ltd.

5 4 3 2 1   Imprimé en Chine   09 10 11 12 13

Les illustrations ont été créées au moyen d'Adobe Illustrator.
Pour le texte, on a utilisé la police de caractères Providence Sans Bold.